GUIDE

DE LA

Victime de la Guerre

La guerre amène beaucoup de misère : des milliers de blessés et de morts.

Des blessés, c'est-à-dire des hommes incapables de travail ou capables d'un moindre travail.

Des morts, c'est-à-dire des veuves, des orphelins, de vieux parents brisés.

Pour toutes ces victimes de la guerre, que fait la loi actuelle? Comment acquitte-t-elle la dette matérielle contractée envers elle?

Et d'abord, pour les mutilés, le système est assez complexe : il faut distinguer les infirmités graves et incurables, elles donnent toujours droit à **pension;** — et les infirmités légères ou guérissables, elles ne donnent lieu qu'à des **gratifications** renouvelables.

Pensions

Ont droit à pension tous les militaires blessés en service commandé ou atteints de maladies attribuables directement au service: Naturellement, l'infirmité, résultant des maladies, accidents et blessures, doit, après examen pratiqué par les Médecins-Experts désignés par l'autorité militaire, présenter les trois caractères suivants :

1° Etre imputable au service;

2ª Etre grave et incurable;

3° S'il s'agit d'un homme de troupe, rendre impossible son maintien au service et, de plus, l'empêcher de pourvoir à sa subsistance. S'il s'agit d'un officier, le mettre dans l'impossibilité de rester en activité ou d'y rentrer plus tard;

4° L'infirmité doit atteindre un des degrés de gravité rangé dans les six classes ci-après :

1ʳᵉ classe. — *Cécité complète.*

2ᵉ classe. — *Amputation de deux membres.*

3ᵉ classe. — *Amputation d'un membre.*

4ᵉ classe. — *Perte absolue de l'usage des deux membres. Infirmités équivalentes : gâtisme, hémiplégie complète, abolition grave des fonctions cérébrales (démence, abolition de la parole, etc.).*

5ᵉ classe. — *Perte absolue de l'usage d'un membre. Infirmités équivalentes : tuberculose, ankylose des articulations, perte de la vision d'un côté, surdité complète, ablation de trois doigts, etc.*

6e classe. — *Surdité d'un côté, déviation d'un membre, ablation du pouce ou de deux doigts, ablation des orteils d'un pied, ankylose de certaines articulations, etc.*

Le tableau ci-dessous fait connaître pour chaque catégorie et pour chaque grade le taux de la pension.

Il convient de souligner que les taux numériques des pensions de retraite de 5e et 6e classes sont identiques, la différence ne variant que d'après le calcul des annuités de service.

Les pensions partent du jour où les militaires sont rayés des contrôles de l'armée; cette radiation se produit au moment où ils quittent leur corps, sur leur demande, où lorsque le corps leur notifie la concession de leur pension.

DÉSIGNATION DES GRADES	1re et 2e CLASSES	3e et 4e CLASSES	5e CLASSE	6e CLASSE
Soldat	975 fr.	750 fr.	600 + 7 fr. 50 par année de service.	600 fr.
Caporal ou brigadier	1.170	900	700 + 10 fr. —	700
Sergent	1.430	1.100	800 + 15 — —	800
Sergent-major	1.560	1.200	900 + 15 — —	900
Aspirant	1.625	1.250	950 + 15 — —	950
Adjudant	1.690	1.300	1.000 + 15 — —	1.000
Adjudant-chef	1.820	1.400	1.100 + 15 — —	1.100
Sous-lieutenant, 1er échelon	2.990	2.300	1.500 + 40 — —	1.500
— 2e —	3.640	2.800	1.800 + 50 — —	1.800
Lieutenant, 1er échelon	3.705	2.850	1.850 + 50 — —	1.850
— 2e —	3.900	3.000	2.000 + 50 — —	2.000
— 3e —	4.095	3.150	2.150 + 50 — —	2.150
— 4e —	4.290	3.300	2.300 + 50 — —	2.300
Capitaine, 1er échelon	4.290	3.300	2.300 + 50 — —	2.300
— 2e —	4.550	3.500	2.500 + 50 — —	2.500
— 3e —	4.810	3.700	2.700 + 50 — —	2.700
— 4e —	5.070	3.900	2.900 + 50 — —	2.900
Chef de bataillon	5.200	4.000	3.000 + 50 — —	3.000
Lieutenant-colonel	6.500	5.000	3.700 + 65 — —	3.700
Colonel	7.800	6.000	4.500 + 75 — —	4.500
Général de brigade	9.600	8.000	6.000 + 100 — —	6.000
Général de division	12.600	10.500	7.000 + 175 — —	7.000

Admission à la Pension

Pièces à produire (Sept Pièces)

1° *Demande qui doit indiquer exactement la nature de la pension et la résidence choisie par l'intéressé.*

2° *Acte de naissance délivré sur papier libre et dûment légalisé.* Cette pièce peut être remplacée, pour les militaires provenant des régions envahies, soit par une attestation signée de quatre habitants majeurs évacués de la même commune que l'intéressé et légalisée par le maire de la commune où réside actuellement le militaire; soit, en cas d'impossibilité, par un acte de notoriété établi dans les conditions fixées par l'article 70 du Code civil.

3° *Un certificat d'origine de blessures établi par l'autorité militaire, d'après les déclarations de témoins, ou, à défaut de cette pièce, un duplicata du billet d'hôpital qui doit lui être remis dès qu'il a été évacué du front et soigné dans une formation sanitaire.*

4° *Un relevé des services* (à établir par le corps ou le Chef de service).

5° *Certificat d'incurabilité.*

6° *Certificat et procès-verbal d'examen.*

7° *Certificat et procès-verbal de vérification.*

} Établis par les médecins.

Le demandeur n'est tenu que de présenter sa demande, son acte de naissance et son certificat d'origine de blessures ou de maladie; l'absence d'une de ces pièces ne doit pas empêcher le pétitionnaire de faire sa demande de pension; il doit remettre ces pièces au Médecin-Chef de l'établissement où il est, à l'officier commandant le dépôt s'il y est présent ; s'il est dans ses foyers, il peut adresser directement ses pièces par la poste.

L'instruction des pensions est assurée par l'autorité militaire. Toutefois, dans le cas où le militaire ne se verrait pas présenté devant la Commission médicale, il peut formuler une demande de pension en s'adressant au Ministère de la Guerre (Bureau des pensions).

Toute demande de pension n'est plus admise cinq ans après la radiation de l'intéressé des contrôles de l'armée.

Les pensions militaires concédées à des officiers ne peuvent être cumulées avec un traitement civil payé par l'Etat, les départements, les communes et les établissements publics si le montant de la pension et du traitement dépasse 6.000 francs.

Les fonctionnaires, employés ou agents civils de l'Etat ont droit de choisir entre la pension civile et la pension militaire.

Les instructions sur le service des pensions militaires ont prévu les modèles de demande suivants, savoir :

x^e CORPS D'ARMÉE

x^e RÉGIMENT d...........................

PENSIONS MILITAIRES

Demande de liquidation de Pension

Le soussigné (nom, prénoms, grade, corps), a l'honneur de solliciter la liquidation de la pension de retraite pour blessures ou pour infirmités à laquelle il a droit aux termes des lois et règlements en vigueur et dont il désire jouir à (commune, département), pour les villes (nom de la rue et numéro de la maison).

A............, le.,.........191

Signature :

L'une des mentions suivantes est ajoutée par le commandant du dépôt qui a procédé à l'instruction de la demande :

L'intéressé, *ou bien* attendra au dépôt la notification de sa pension ;

Ou bien, est parti ou partira en congé le   ;

Ou enfin, n'étant pas lié au service, a été ou sera rayé des contrôles le   .

Sur papier du format « écolier », feuille double, pour servir de chemise ou d'enveloppe aux autres pièces du dossier.

Si le pétitionnaire est officier, il doit joindre à la demande de liquidation ci-dessus une déclaration entièrement manuscrite et autographe portant demande d'admission à la retraite ; cette pièce est exigée par le Conseil d'Etat pour les officiers et assimilés.

Déclaration de demande d'admission à la retraite

(Cette pièce doit être entièrement écrite de la main de l'intéressé.)

Je soussigné (nom, prénoms, grade, corps ou service spécial), déclare demander à être admis à la retraite à titres de blessures ou d'infirmités.

Je déclare, en outre, avoir l'intention de jouir de ma pension à (commune, rue, numéro, département).

Dater et signer.

Les recours contre les décisions portant refus de pension ou contre le taux des pensions doivent être formés dans les deux mois devant le Conseil d'Etat, ou bien sur simple pétition du Ministre, pour erreurs matérielles, omissions, etc.

Soit le pourvoi devant le Conseil d'Etat (Article 25 de la loi du 11 avril 1831).

Les lettres de notifications de pension et les extraits de décisions ministérielles rejetant les demandes de pension adressées aux intéressés leur donnent, d'ailleurs, tous les renseignements utiles pour l'introduction d'un recours contentieux.

Gratifications

Définition. — La blessure ou la maladie contractée au service par le militaire non officier, ne présentant pas les conditions de gravité ou d'incurabilité requises pour la pension de retraite, peut être de nature à réduire ou même abolir temporairement la faculté de travail ; alors l'intéressé est proposé pour une allocation désignée sous le nom de « *gratification de réforme* ».

La gratification est accordée pour deux ans, elle est dite alors *gratification renouvelable.* C'est le Conseil de révision, lors de sa réunion au chef-lieu du canton, qui fixe et propose si elle doit être renouvelée, si elle doit être supprimée, ou si, l'affection, n'étant pas assez grave pour donner droit à *pension,* mais n'étant pas guérissable, la gratification doit devenir *permanente.*

Classification des blessures ou infirmités

Voici le *tarif des gratifications renouvelables* pour les militaires plus ou moins grièvement blessés, par grades et par catégories : ·

L'échelle de variation de gravité est basée sur les chiffres établis par les auteurs et les arrêts de la jurisprudence en ce qui concerne les applications de la loi de 1898 sur les accidents de travail.

Les trois premières catégories de gratifications peuvent être converties en pension de retraite si les blessures ou infirmités des gratifiés réunissent les conditions de gravité et d'incurabilité prévues par la loi. Les gratifications des autres catégories peuvent devenir permanentes si les infirmités deviennent incurables, ou en cas d'aggravation être converties en pension viagère.

GRADES	1re catégorie diminution de 100 %	2e catégorie diminution de 80 %	3e catégorie diminution de 60 %	4e catégorie diminution de 50 %	5e catégorie diminution de 40 %	6e catégorie diminution de 30 %	7e catégorie diminution de 20 %	8e catégorie diminution de 10 %
MILITAIRES EUROPÉENS								
Adjudant-chef . . . . Fr.	1.820	1.400	1.100	910	730	550	368	184
Adjudant	1.690	1.300	1.000	832	666	500	334	168
Aspirant	1.625	1.250	950	791	633	475	318	159
Sergent-major	1.560	1.200	900	750	600	450	300	150
Sergent	1.430	1.100	800	666	533	400	268	134
Caporal	1.170	900	700	582	466	350	234	118
Soldat	975	750	600	500	400	300	200	100
MILITAIRES INDIGÈNES — Algérie-Tunisie								
Sous-officier . . . . Fr.	971	747	597	497	398	299	200	100
Caporal	849	653	528	440	352	264	176	88
Soldat	715	550	450	375	300	225	150	75
Indo-Chine								
Adjudant . . . . Fr.	612	470	336	280	224	168	112	56
Autre sous-officier	510	392	280	232	186	140	94	48
Caporal	364	280	200	166	133	100	68	34
Soldat	300	231	165	140	112	84	56	28
Madagascar								
Adjudant . . . . Fr.	393	302	216	180	144	108	72	36
Autre sous-officier	328	252	180	150	120	90	60	30
Caporal	273	210	150	126	101	76	50	26
Soldat	218	168	120	100	80	40	40	20
Afrique occidentale								
Adjudant . . . . Fr.	737	567	405	340	272	204	136	68
Autre sous-officier	614	473	338	282	226	170	114	56
Caporal	501	365	275	230	184	138	92	46
Soldat	410	315	225	190	152	114	76	38

En instance de gratifications

Pour l'admission à la gratification l'intéressé doit adresser sa demande au Ministère ; puis il est visité devant la Commission spéciale de réforme de la subdivision de région où il réside. Cette Commission fait procéder, s'il y a lieu, à l'établissement du mémoire de proposition.

Le militaire admis à la gratification reçoit du Ministre de la Guerre un titre nominatif portant le numéro de son inscription au contrôle central tenu au Ministère ; en cas de perte de ce titre, et après déclaration de perte, l'intéressé peut en obtenir un duplicata. Les gratifications permanentes et renouvelables de toutes catégories sont payables par semestre et d'avance sur mandats individuels délivrés par les Sous-Intendants militaires ; ces mandats doivent indiquer la date de la concession de la gratification et le domicile élu par l'intéressé. En cas de changement de résidence, l'intéressé doit en informer le Sous-Intendant militaire du département qu'il quitte et aviser celui de sa nouvelle résidence. Ces mandats sont payables dans les caisses publiques de réception et dans les recettes des finances.

Lorsque la blessure, ou la maladie, qui a motivé la concession d'une gratification de réforme, a causé une aggravation d'infirmité, le titulaire peut demander son admission à une classe plus élevée de la gratification.

De même, si l'infirmité, par suite de son aggravation, est devenue incurable et entraîne l'incapacité de travail d'une façon totale et pour toujours, le titulaire peut demander le changement de la gratification en pension.

Mais, dans l'un comme dans l'autre cas, il faut que l'aggravation se soit produite dans le délai de cinq ans à compter de la cessation de l'activité (*Art. 6 de la loi du 17 avril 1833 et art. 10 de l'instruction sur les pensions*).

A noter spécialement que les mobilisés de 1914-15-16, appartenant à la réserve et à l'armée territoriale, auront été en activité de service pendant toute la durée de leur présence sous les drapeaux.

Suppression de la gratification

La gratification est supprimée à compter de la fin de la période bisannuelle en cours, lorsque le titulaire a été reconnu avoir suffisamment recouvré la faculté de travailler.

C'est également à la fin de la période en cours que le passage dans une catégorie inférieure est prononcé.

Les anciens militaires qui ont été rayés de la gratification peuvent adresser une demande de réadmission, si leur état d'invalidité première vient à se reproduire.

L'intéressé est soumis aux mêmes visites que les hommes proposés pour la première fois.

Lorsqu'un titulaire de la gratification est hospitalisé aux frais de l'Etat, il supporte une retenue égale à sa gratification.

La jouissance de la gratification (*renouvelable ou permanente*) peut être suspendue ou supprimée pour condamnation, fautes graves, inconduite ou indignité.

Pour les Veuves
et les Orphelins

Quels sont les principes sur lesquels repose actuellement l'attribution des pensions.

Veuves et orphelins des militaires ont droit à une pension quand le mari, pour les femmes, le père, pour les enfants, est mort des suites : 1° d'une blessure de guerre ; 2° d'un accident de service ou d'une maladie (contagieuse ou épidémique) contractée en service.

Dans le premier cas, la pension est fixée à la moitié du maximum de la pension du militaire s'il s'agit d'un officier, et aux trois quarts s'il s'agit d'un sous-officier, caporal ou soldat.

Voici le taux des pensions pour les veuves et les orphelins des militaires tués à l'ennemi ou morts d'une blessure de guerre :

Général de division............................ Fr.	5.200
Général de brigade	4.000
Colonel	3.000
Lieutenant-colonel	2.500
Commandant	2.000
Capitaine : 4ᵉ échelon	1.950
— 3ᵉ —	1.850
— 2ᵉ —	1.750
— 1ᵉʳ —	1.650

Lieutenant : 4ᵉ échelon 1.650
   —   3ᵉ   — 1.575
   —   2ᵉ   — 1.500
   —   1ᵉʳ   — 1.425
Sous-Lieutenant : 2ᵉ échelon 1.400
        —   1ᵉʳ   — 1.150
Adjudant-chef 1.050
Adjudant 975
Aspirant 937
Sergent-major 900
Sergent 825
Caporal 675
Soldat 563

Dans le second cas, la pension n'est plus que du
tiers du maximum de la pension du mari ou du
père s'il s'agit d'un officier, de la moitié s'il s'agit
d'un sous-officier, caporal ou soldat.

Le tableau ci-dessous indique le taux de la pension des veuves ou orphelins de militaires décédés
des suites de blessures ou de maladies contractées
en service commandé :

Général de division.................... Fr. 3.500
Général de brigade....................... 2.667
Colonel 2.000
Lieutenant-colonel 1.667
Commandant 1.333
Capitaine : 4ᵉ échelon 1.300
   —   3ᵉ   — 1.233
   —   2ᵉ   — 1.167
   —   1ᵉʳ   — 1.100
Lieutenant : 4ᵉ échelon 1.100
   —   3ᵉ   — 1.050
   —   2ᵉ   — 1.000
   —   1ᵉʳ   —   950

Sous-lieutenant : 2e échelon 933
    —   Ier   — 767
Adjudant-chef 700
Adjudant 650
Aspirant 625
Sergent-major 600
Sergent 550
Caporal 450
Soldat 375

Un grand nombre de veuves de militaires décédés pendant la guerre dans des conditions donnant droit à la pension se sont demandées si, en sollicitant la liquidation de cette pension, elles continueraient à bénéficier de l'allocation journalière de 1 fr. 25, majorée, s'il y a lieu, de 0 fr. 50 par enfant à leur charge, prévue par la loi du 5 août 1914.

Leurs droits à cet égard sont définis par la loi du 9 août 1915, qui leur permet d'opter pendant la durée de la guerre, entre la pension et l'allocation.

Si elles optent pour la pension, l'allocation est supprimée et toutes les allocations et majorations qu'elles avaient perçues depuis le 9 avril 1915 sont retenues sur les arrérages de la pension.

Si elles optent pour l'allocation, celle-ci continue à leur être payée jusqu'au lendemain de la cessation des hostilités, les arrérages de la pension ne commencent à courir qu'au lendemain de la cessation des hostilités et les allocations et majorations perçues jusqu'à cette date leur restent acquises.

Quelle que soit la solution qu'elles adoptent, les veuves de militaires ayant droit à la pension ont le plus grand intérêt à adresser dès à présent leur demande de pension au sous-intendant militaire du département de leur résidence. L'introduction de cette demande ne leur enlève en aucune façon la faculté d'opter, si elles le désirent, pour le régime de l'allocation en indiquent, le cas échéant, qu'elles demandent à percevoir ladite allocation. Dans ce cas, le titre de pension sera simplement conservé à la sous-intendance et ne leur sera remis qu'à la cessation des hostilités, de telle sorte qu'il n'y aura pour ainsi dire aucune interruption entre le paiement de l'allocation et l'entrée en jouissance de la pension.

Si, au contraire, elles attendent la fin des hostilités pour demander la liquidation de leur pension, le certificat d'inscription ne pourra leur être remis qu'après plusieurs mois, et, comme l'allocation sera supprimée de plein droit à la fin de la guerre, elles sont exposées à rester alors quelque temps sans rien recevoir.

La même remarque s'applique aux veuves et orphelins d'officiers ou de sous-officiers qui bénéficient actuellement d'une délégation de solde. Il est de l'intérêt de l'un et des autres de solliciter, dès à présent, la liquidation de leur pension, afin que le titre puisse être établi d'avance ou leur être remis dès la cessation des hostilités, c'est-à-dire au moment où les délégations de solde cesseront de leur être payées.

Les veuves et orphelins de fonctionnaires tués en accomplissant leur devoir militaire peuvent opter entre la pension militaire et la pension civile à laquelle leur donne droit leur qualité de femmes ou d'orphelins de fonctionnaires.

Lorsque le militaire mort laisse une veuve et un ou plusieurs orphelins, la pension se partage par moitié égale entre la veuve et les orphelins.

Au décès ou à la majorité du dernier des orphelins, leur part de pension s'ajoute à la part attribuée déjà à la veuve. En cas de décès de la veuve, sa part vient grossir la part des orphelins.

Les veuves et orphelins des officiers nommés à titre temporaire ont droit à la pension afférente au grade occupé à titre temporaire par leur mari ou leur père.

Le point de départ de la pension est fixé au lendemain du décès du militaire.

La pension des veuves remariées. — La veuve d'un militaire tué à l'ennemi conserve son droit à la pension, tant qu'elle garde la nationalité française. En cas de nouveau mariage avec un sujet français, sa pension lui est donc maintenue. Par contre, si elle se remarie avec un sujet étranger et que, du fait de son mariage, elle perde la nationalité française, conformément aux dispositions de l'article 10 du Code civil, la veuve est déchue de sa pension.

Dans quelles conditions sont délivrées les Pensions des Veuves

a) Ont droit à pension les veuves des militaires tués sur le champ de bataille, décédés des suites de blessures de guerre, d'accidents de service ou de maladies contagieuses contractées sur le front des armées. Mais pour permettre l'examen rapide des droits des veuves, ainsi que la liquidation et la concession de leurs pensions, il est indispensable que les intéressées facilitent, dans la mesure où elles le pourront, l'exécution de ces opérations en réunissant et en adressant elles-mêmes, au sous-intendant militaire du chef-lieu de leur département, des dossiers aussi complets que possible et constitués d'après les indications énumérées ci-après :

1° Demande de pension adressée au Ministre de la guerre et légalisée par le maire de la commune ou de l'arrondissement, si le domicile est à Paris;

2° Acte de naissance de la veuve;

3° Acte de célébration du mariage;

4° Acte de décès du mari;

Ces pièces doivent être dûment légalisées si elles ne sont pas délivrées dans le département de la Seine.

5° L'état des services du mari, qui doit être réclamé au dépôt du régiment de celui-ci ;

6° Certificat délivré par l'autorité municipale sur la déclaration de l'intéressée et l'attestation de deux témoins constatant : 1° qu'il n'y a eu entre les époux ni divorce, ni séparation de corps ; que la veuve jouit de ses droits civils ; 3° qu'il n'existe pas d'enfant mineur issu d'un précédent mariage du mari. (En cas de séparation de corps prononcée en faveur de la femme, produire un extrait du jugement) ;

7° Certificat de genre de mort qui doit être demandé au dépôt du régiment du mari et peut être porté sur l'état des services visé ci-contre. (Circulaire du 22 octobre 1914.)

Toutes les pièces peuvent être établies *sur papier non timbré et sans frais.*

En ce qui concerne plus particulièrement les veuves évacuées de régions envahies et qui ne peuvent, par suite, produire leur acte de naissance ou leur acte de mariage, les observations suivantes sont à retenir par les intéressées pour leur permettre de suppléer aux deux actes qui leur manquent :

1° Acte de naissance — à remplacer, s'il est possible, par une attestation signée de quatre habitants majeurs, évacués de la même commune que l'intéressée. Cette pièce devra être légalisée par le maire de la commune où réside actuellement l'intéressée (à Paris, par le maire de l'arrondissement).

A défaut, produire un acte de notoriété délivré dans les conditions fixées par les articles 70 et suivants du Code civil. Cette seconde solution, en raison des frais qu'elle entraîne, n'est à adopter que s'il est absolument impossible de se procurer l'attestation dont il est question ci-dessus.

L'attestation ou l'acte de notoriété n'est exigé des veuves que si elles ne peuvent produire un acte de mariage, un livret militaire du mari ou un livret de mariage indiquant la date et le lieu de leur naissance.

2° Acte de mariage — à remplacer par tout acte officiel ou authentique établissant l'existence du mariage : livret de mariage, livret militaire ou état des services du mari portant mention du mariage ; acte notarié indiquant que telle personne a justifié de son mariage avec le militaire décédé.

b) Les pièces à produire pour les orphelins sont les suivantes :

1° Demande de secours annuel adressée au Ministre de la Guerre par le tuteur ou par l'orphelin émancipé et légalisée par le maire de la commune ou de l'arrondissement, si le domicile est à Paris ;

2° Actes de naissance des orphelins ;

3° Certificat de vie des orphelins ;

4° Acte de célébration du mariage des parents ;

5° Acte de décès du père ;

6° Acte de décès de la mère.

Ces pièces doivent être dûment légalisées si elles ne sont pas délivrées dans le département de la Seine ;

7° L'état de services du père qui doit être réclamé au dépôt du régiment de celui-ci ;

8° Certificat délivré par l'autorité municipale constatant qu'il n'existe pas d'autres enfants mineurs du défunt ;

9° Extrait de la délibération du conseil de famille réuni pour la nomination du tuteur ou pour l'émancipation de l'orphelin ;

10° Certificat de genre de mort qui doit être demandé au dépôt du régiment du mari et peut être porté sur l'état des services ci-dessus (Circulaire du 22 octobre 1914)..

Toutes ces pièces peuvent être établies sur papier non timbré et sans frais.

Lorsqu'un militaire décédé dans des circonstances qui ouvrent le droit à pension aux ayants droit laisse une veuve et un ou plusieurs enfants du premier lit, il doit être établi deux dossiers : l'un au nom de la veuve et l'autre au nom des orphelins.

La pension se partage par moitiés égales entre la veuve et les orphelins ; au décès ou à la majorité du dernier des orphelins, leur part de pension se réunit à la part de pension dont bénéficie déjà la veuve ; en cas de prédécès de la veuve, sa part se réunit à celle des orphelins.

La législation actuelle, considérant la pension de veuve et d'orphelins comme une sorte d'héritage, n'a rien prévu pour le cas où le soldat laisse des enfants de plusieurs lits : sinon que la pension se divisera par parts égales entre les différentes souches. Si nous supposons que le soldat laisse un enfant d'un premier lit, et une veuve, avec deux enfants issus du second mariage, les règlements actuels donnent la moitié de la pension à l'enfant du premier lit, l'autre moitié à la veuve et aux deux enfants du second mariage.

La pension des orphelins est la même que celle de la veuve. En cas de décès de la mère, ils continuent à toucher cette pension jusqu'à ce que le plus jeune ait atteint l'âge de 21 ans. Au fur et à mesure que les autres atteignent cet âge, le surplus de la pension revient au plus jeune jusqu'à ce que celui-ci soit devenu majeur. A ce moment, la pension des orphelins s'éteint. C'est ce caractère temporaire qui lui a valu dans le langage administratif le nom de « Secours dû aux orphelins » et non point celui de pension. La **pension** a en effet pour caractère d'être viagère. Quoiqu'il en soit **ce secours dû aux orphelins** est juridiquement aussi sûr et aussi garanti que la pension de la veuve. En cas de contestation il peut faire l'objet d'un recours au contentieux devant le Conseil d'Etat au même titre que la pension.

Avances sur Pensions aux Veuves et Orphelins des Militaires morts en activité de service.

Les veuves et orphelins de tous les militaires tombés au cours de la guerre actuelle peuvent obtenir des avances mensuelles égales aux quatre cinquièmes de la pension ou du secours annuel auxquelles ces veuves ou orphelins pourraient avoir droit d'après le grade du mari ou du père décédé.

1° Taux des avances mensuelles sur pensions.

(Veuves et orphelins des militaires décédés par suite de maladies contagieuses ou épidémiques.)

Soldat .... Fr.	25	»
Gendarme	27	50
Caporal	30	»
Sergent	36	65
Sergent major.............	40	»
Aspirant	41	65
Adjudant	43	35
Adjudant chef.............	46	65

2° Taux des avances mensuelles sur pensions.

(Veuves et orphelins des militaires tués à l'ennemi.)

Soldat .... Fr.	37	53
Gendarme	41	27
Caporal	45	»
Sergent	55	»
Sergent major..............	60	»
Aspirant	62	63
Adjudant	65	»
Adjudant chef	70	»
Sous-lieutenant, 1ᵉʳ échelon...	76	67
Sous-lieutenant, 2ᵉ échelon...	93	33

Les avances sur pensions aux veuves sont mandatées mensuellement par le Sous-Intendant militaire de la région où demeurent celles-ci. Les intéressées doivent produire les pièces ci-après :

1° Bulletin de décès du mari ;

2° Extrait récent de l'acte de mariage certifiant s'il n'est survenu de divorce ou de séparation de corps ;

3° Certificat du dépôt de la formation du mari, indiquant le grade et la date à compter de laquelle le paiement a été suspendu ;

4° Déclaration de l'administration (Etat, département ou commune) dont dépendait le militaire si celui-ci était fonctionnaire, constatant la date de cessation de paiement du mari ou de toute autre allocation faite à la veuve.

Les ayances sur pensions aux orphelins doivent être accompagnées des mêmes pièces que pour les veuves. L'extrait de l'acte de mariage étant remplacé par un extrait de l'acte de naissance du ou des orphelins, et en outre :

5° Extrait de l'acte de décès de la mère ;

6° Déclaration de la mairie certifiant que le père n'a laissé ni veuve ni autres enfants mineurs.

MODÈLE

ᵉ CORPS D'ARMÉE

Place de

Pensions militaires de la Guerre

CERTIFICAT DE RETENUE

Le Sous-Intendant militaire certifie que sur la pension n°   de   francs concédée à

par décret du   , il y a lieu de précompter la somme de
payée à titre d'avance remboursable suivant mandat n°   du

Certifié :

*A   , le   *191

Modèle de demande d'avances sur pension

Je soussignée, Madame
veuve de Monsieur
ayant demeuré depuis le
à

Déclare solliciter, en vertu de la loi du 24 novembre 1904, des avances mensuelles sur les 4/5 de la pension de   . francs par an, à laquelle j'ai droit par suite du décès de mon mari.

Les acomptes que j'aurai ainsi touchés à titre d'avances seront

précomptés sur le montant de la somme pouvant me revenir lors du paiement des premiers arrérages de ma pension, le tout conformément à la loi du 9 avril 1915.

Je déclare n'avoir jamais touché aucune allocation journalière, conformément à la loi du 5 août 1914, et renoncer pour l'avenir au bénéfice de cette loi, les allocations ne pouvant se cumuler avec les avances.

Je déclare, en outre, que mon mari n'était pas fonctionnaire de l'État, des départements ou des communes.

Je désire toucher mon avance à

A   , le   191

Observations

Les avances sur pension sont exclusives des délégations de solde consenties ou instituées d'office en exécution des décrets des 9 et 26 octobre 1914, c'est-à-dire que les veuves et orphelins ne peuvent recevoir conjointement la délégation et l'avance sur pension.

Le fait de recevoir une avance sur pension fera donc cesser de plein droit la délégation.

D'autre part, et conformément au décret du 9 octobre 1914, les délégations doivent cesser de plein droit à la date du décès, quand leur montant est inférieur au taux de la pension.

Secours immédiats accordés aux Familles des Militaires décédés au cours de la guerre

Ces secours ont été prévus par une circulaire du Ministre de la Guerre du 31 août 1914 et attribuables après avis officiel du décès. Y ont droit les veuves, les orphelins ou, à défaut, les pères et mères des militaires décédés. L'enfant naturel reconnu a droit aux secours. C'est dans le but de contribuer aux dépenses inévitables causées aux familles par le décès de l'un de ses membres que le secours est accordé.

Formalités à remplir

La demande est adressée par lettre au général ou à l'officier supérieur commandant la subdivision du domicile de l'ayant droit ; cette demande est accompagnée des pièces suivantes :

Copie de l'avis de décès certifié par le maire ;

Extrait de l'acte de mariage pour les veuves ;

Pour les orphelins, extrait de l'acte de naissance.

Pour les ascendants, si le militaire décédé n'a laissé ni veuve, ni enfant, extrait de l'acte de naissance du fils.

Modes de paiement

Les paiements sont faits par le trésorier du dépôt du corps auquel a appartenu l'intéressé ; ils peuvent être faits directement au demandeur ou bien par mandat sur la poste ou par lettre chargée ; dans ce cas, les frais d'envois sont supportés par l'Etat.

Tarif des Secours

Veuve, orphelin ou ascendant au 1er degré d'un :

Soldat ou caporal .... Fr.	150
Sous-officier	200
Sous-lieutenant ou lieutenant.......	300
Capitaine	400
Commandant	500
Lieutenant-colonel ou colonel.......	600

Modèle de demande de secours

*A Monsieur le Général commandant le
Département de*

(Bureau des Sécours)

Je soussigné (1)
demeurant actuellement à
née le   1 , à
veuve de (2)
décédé le   191 , à
(3)

*sollicite de votre haute bienveillance l'allocation d'un
secours immédiat dans les conditions prévues par la
circulaire ministérielle du 31 août 1914.*
(4)

      A   , le   191

        Signature et adresse.

---

(1) Nom et prénoms de fille.

(2) Nom et prénoms du mari, grade et régiment auquel il
appartenait.

(3) Circonstances du décès du mari (tué à l'ennemi, décédé
des suites de blessures reçues ou de maladie contractée au
cours des opérations de guerre).

(4) Indiquer le nombre d'enfants et les charges de famille.

Allocation aux Familles nécessiteuses dont le soutien est sous les drapeaux

Cette allocation est journalière, elle est de 1 fr. 25 avec majoration de 0 fr. 50 par enfant âgé de moins de 16 ans. Y ont droit :

1° Toute personne ayant un lien de droit avec le mobilisé et dont il est le soutien unique ou principal, tels qu'épouse, mère, père, ascendants, descendants et collatéraux ;

2° Toute personne sans lien de droit mais qui vivait au foyer du mobilisé d'une manière permanente et dans les conditions de moralité satisfaisante ;

3° Les familles des étrangers-alliés dont le soutien est sous les drapeaux de leurs pays ;

4° Les familles des autres étrangers dont le soutien a été admis à contracter un engagement dans les armées françaises pendant la durée de la guerre ;

5° Les familles des victimes civiles de la guerre dont le soutien indispensable a été tué ou emmené en captivité ;

6° Les familles des marins du commerce privés de leurs salaires à la suite de capture ou de destruction de leurs navires, mais seulement pendant la période comprise entre le jour de capture ou de destruction et celui de leur débarquement dans un port français.

Durée de l'allocation. — L'allocation et les majorations sont accordées pendant toute la durée de la guerre, quel que soit le sort du militaire :

a) Tué à l'ennemi ;

b) Disparu ou prisonnier ;

c) En congé de convalescence ;

d) Réformé n° 1 ;

c) Réformé n° 2 ou réformé temporaire ;

f) Renvoyé dans ses foyers (susceptible de recevoir un nouvel appel, en sursis d'appel).

1° Dans ces trois derniers cas, il y a lieu de distinguer le réformé n° 1 renvoyé dans ses foyers et gratifié ou pensionné. C'est à la Commission cantonale de juger si la situation de famille nécessite le maintien de l'allocation ;

2° Quant au réformé n° 2, la Commission cantonale statue sur son cas. Il doit toucher l'allocation jusqu'au jour où il retrouve la situation qu'il avait avant la guerre.

Il en est de même pour le réformé temporaire.

Les ouvriers mobilisés dans les usines et touchant un salaire normal n'ont plus droit à l'allocation.

En cas de décès du bénéficiaire de l'allocation principale (1 fr. 25), cette allocation est reportée sur celui des membres de la famille qui le remplace.

L'allocation se cumule seulement avec la solde de convalescence, avec l'assistance aux familles nombreuses, avec l'assistance aux femmes en couches.

Les allocations sont payées par période de quatorze, seize, vingt-huit et trente-deux jours par les percepteurs et elles peuvent être supprimées par suite d'usage abusif de l'alcool.

Ces suppressions sont décidées par des Commissions cantonales ; c'est à ces Commissions d'ailleurs que doivent être adressées toutes les réclamations utiles.

Pour les militaires renvoyés dans leurs foyers, mais susceptibles de recevoir un nouvel appel, les allocations accordées ne doivent être maintenues que pendant les huit jours qui suivent leur retour.

Demandes d'allocation

Ces demandes doivent être adressées au maire de la résidence que le postulant occupe au moment où il fait sa demande.

Pièces à l'appui : Certificat de présence au corps du militaire ;

a) Livret de.famille ou les bulletins de naissance et de mariage ;

b) Pour les compagnes des soldats, un certificat attestant qu'ils habitaient ensemble avant la mobilisation ;

c) Pour les familles des militaires étrangers-alliés ayant rejoint les armées de leur pays, un certificat de leur représentant diplomatique justifiant leur présence sous les drapeaux.

Les demandes sont transmises à une Commission de première instance qui s'appelle la Commission cantonale. En cas de discussion ou de réclamation, les postulants peuvent comparaître devant cette Commission. Au-dessus de cette Commission fonctionnent deux autres Commissions : une *Commission d'appel,* siégeant à la Préfecture, et, en dernier ressort, sur tous les recours formés soit par les intéressés ou par les préfets ou sous-préfets, statue une *Commission supérieure,* siégeant au Ministère de l'Intérieur.

Donc trois juridictions : premier degré, Commission cantonale ; deuxième degré, Commission d'appel, siégeant dans les arrondissements ; troisième degré, Commission supérieure.

Formule d'une demande d'allocation

Monsieur le Maire de

Je, soussigné (nom et prénoms du postulant), demeurant à , rue , n° (qualité vis-à-vis du mobilisé), ai l'honneur de solliciter l'allocation de 1 fr. 25 (avec majorations s'il y a lieu), par suite de l'appel sous les drapeaux de (qualité du mobilisé).

Veuillez agréer, Monsieur le Maire, etc...

NOTA. — L'allocation part du jour où la demande est faite et les percepteurs n'ont pas le droit de retenir, contre le gré des intéressés, le montant des contributions pour lesquelles le militaire est inscrit au rôle.

Allocation pour les Militaires en convalescence

La convalescence faisant suite à une blessure de guerre ou à une maladie imputable au service donne droit à :

1° La solde de présence mensuelle ou journalière ;

2° L'indemnité de logement ;

3° L'indemnité de famille pour ceux qui ont droit à cette indemnité ;

4° La haute-paie pour les militaires à solde journalière servant au delà de la durée légale ;

5° Une indemnité représentative de vivres fixée à 1 fr. 05 par jour.

Ces allocations sont payées par quinzaine et d'avance par les soins du dépôt auquel appartient l'intéressé.

Allocation pour les Militaires en instance de pension

Ils ont droit à une indemnité journalière qui varie avec le grade :

Soldat .... Fr.	1 70
Caporal et caporal fourrier...	2 »
Sergent	2 25
Sergent major................	2 50
Aspirant	2 65
Adjudant	2 80
Adjudant chef	3 10

Cette indemnité journalière n'est due que lorsque le militaire est rentré dans ses foyers ; elle est exclusive de toute solde ou de prestation d'alimentation ; elle se cumule avec la haute-paie s'il y a lieu.

Allocation concédée aux veuves et orphelins en instance de pension

1° *Secours immédiat* (Circulaire du 31 août 1914);

2° *Indemnité de famille* (Loi du 5 août 1914 : 1 fr. 25 pour le chef de famille et majoration de o fr. 50 pour chaque enfant mineur jusqu'à 16 ans);

3° *Délégation de solde* si le militaire décédé était officier ou sous-officier servant au delà de la durée légale.

En cas de non délégation, il sera attribué d'office la moitié de la solde jusqu'à la conception de la pension;

4° *Délégation des traitements civils* équivalant à la moitié du traitement du mari, père ou fils s'il était fonctionnaire, employé, ouvrier de l'Etat, des départements ou des communes;

5° *Frais de déplacement.* — Ces dernières allocations sont basées sur les frais de transport des mobiliers nécessités par le changement de résidence des veuves et orphelins du militaire décédé.

Admission des grands blessés aux Invalides

Pour être admis aux Invalides, les militaires *grièvement blessés, aveugles ou amputés* pourront adresser directement leur demande au Ministre par l'intermédiaire de leur chef de corps ou du médecin-chef de la formation sanitaire où ils se trouvent, en y joignant :

1° Un certificat médical constatant leurs blessures et l'origine de ces blessures et établissant qu'ils ne sont atteints d'aucune maladie contagieuse ni de troubles cérébraux, sous réserve qu'ils produiront par la suite les six autres pièces prévues pour l'admission ;

2° Un certificat délivré par une autorité compétente (maire ou commissaire de police) établissant si l'intéressé est marié et s'il a des enfants à sa charge, étant entendu que ce certificat relatif à la situation de famille des intéressés n'a pas pour objet d'exclure les militaires mariés ou veufs sans enfants, mais de fournir des éléments pour le classement des demandes.

Les six pièces exigées par l'instruction précitée :

1° Une copie des états de service ou une déclaration du candidat indiquant les dates, tout au moins approximatives, de son entrée au service et de sa libération, ainsi que les corps de troupe où il a servi;

2º Un extrait du rôle des contributions ou un certificat du percepteur de la commune de l'intéressé, portant qu'il n'est point imposé;

3º Un extrait du casier judiciaire;

4º Un certificat de bonne vie et mœurs délivré par le commissaire de police ou, à défaut, par le maire;

5º La copie exacte du certificat d'inscription de la pension;

6º Un certificat du payeur constatant s'il existe ou non une opposition sur la pension de retraite du candidat, et, dans l'affirmative, quel est le montant de cette retenue.

Arrérages
de la Légion d'Honneur
et de la Médaille Militaire
décernées
à l'occasion de la Guerre

Les militaires reçoivent les allocations annuelles suivantes :

Les médaillés militaires............ Fr.   100
Les chevaliers de la Légion d'honneur..   250
Les officiers   500
Les commandeurs....................   1.000

Des emplois civils sont réservés aux militaires réformés ou retraités pour blessures de guerre ou infirmités équivalentes.

Ces emplois sont ceux de commis aux écritures et d'employés de bureau dans les administrations publiques; de percepteurs de 4e classe et de receveurs buralistes de 1re classe; de surveillants et gardiens des propriétés publiques, jardins, domaines, palais, châteaux, monuments, musées, etc.; d'employés des chemins de fer; d'agents des postes, de facteurs, douaniers, forestiers.

ADDENDA

Les allocations militaires

Les Commissions cantonales n'ont pas une jurisprudence uniforme en ce qui concerne le service des
allocations militaires aux familles des hommes affectés à des usines de guerre. De là, des réclamations
nombreuses.

Pour mettre fin à cette situation, les différents
ministères intéressés se sont mis d'accord pour déci-
der que les allocations doivent être supprimées d'office aux familles des mobilisés affectés à des établissements situés dans le lieu de leur résidence habi-
tuelle; elles pourront être maintenues aux familles
de ceux employés dans une autre localité.

Dans ce dernier cas, les Commissions cantonales
se baseront sur le montant du salaire touché par le
mobilisé, la situation de la famille, etc., ainsi que le
porte la circulaire du 12 juin.

D'autre part, les familles des hommes réformés
n° 2 ou versés dans l'auxiliaire et renvoyés momen-
tanément dans leurs foyers, à la suite de blessures
de guerre, n'avaient droit primitivement à continuer
à recevoir l'allocation que pendant les huit jours qui
suivaient le retour du mobilisé dans ses foyers. De
nouvelles instructions précisées par une circulaire
interministérielle concertée entre les Ministres de la
Guerre, de la Marine, des Finances et de l'Intérieur,
permettent aux Commissions cantonales de continuer
le service des allocations et des majorations tant que

le soutien de la famille se trouve dans l'impossibilité de reprendre ses anciennes occupations.

Les veuves de réformés n° 2

On sait que les veuves de militaires tués à l'ennemi ou morts des suites de leurs blessures, ou de maladies contractées du fait de leur service, ont droit à une pension. Il n'en est pas de même des veuves de militaires décédés dans leurs foyers, après leur mise en réforme n° 2. Mais ces veuves peuvent obtenir un secours dont le taux varie suivant leurs charges de famille, leurs ressources, les services militaires accomplis par le mari et le délai qui s'est écoulé entre la date de la mise en réforme et celle du décès.

L'ÉMANCIPATRICE, 3, RUE DE POHDICHÉRY, PARIS (XVᵉ). — 11902-1-16.